LA LOUVE D'ALENÇON[1]

MABILLE DE BELLÊME

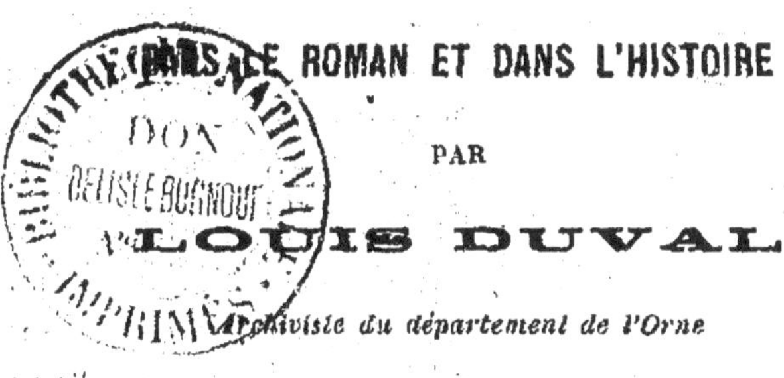

DANS LE ROMAN ET DANS L'HISTOIRE

PAR

LOUIS DUVAL

Archiviste du département de l'Orne

L'histoire nationale, c'est-à-dire cet ensemble de traditions et de souvenirs qui forme une des sources vives auxquelles s'alimente le patriotisme, n'a t-elle pas besoin d'être présentée sous une forme dramatique pour être accessible à tous, pour devenir réellement populaire ? Beaucoup de bons esprits l'ont pensé. C'est dans les écrits immortels de ses poëtes, c'est au théâtre et au Céramique que les Grecs apprenaient l'histoire de leurs héros. Les Romains n'ont jamais eu d'épopée vraiment populaire ; mais le Moyen-Age eut ses chansons de gestes, dans lesquelles revivaient Charlemagne et Roland, Turpin et Olivier, Ogier et Robert le Diable, etc. Le XVIe siècle, pour échapper au joug des formes scolasti-

(1) AUGU (Henri) et DELAIR (Paul). *La Louve d'Alençon*, roman historique, tiré des chroniques de la Normandie et de la Bretagne. (Alençon, Marchand-Saillant, 1880, 1 vol. in-18 de 448 p.)

ques, qui mettaient obstacle au libre développement de l'esprit humain, rompit avec la littérature populaire qui consacrait les traditions nationales. On se remit à l'école des Grecs et des Latins et, pendant deux siècles, le genre classique fut seul en honneur. Cependant, en Angleterre, grâce à Shakespeare, le genre que nous appelons romantique avait survécu. Plus tard on vit Gœthe et Schiller puiser à la même source leurs meilleures inspirations. Favorisé par le retour à la Nature, dont Rousseau avait été l'initiateur, le mouvement romantique devait amener une révolution féconde dans la littérature et dans les arts. Il suffit de citer les noms de Châteaubriand et de Mme de Staël, de Byron et de Victor Hugo, pour marquer toute la distance qui sépare la vieille école de la nouvelle.

En France même, dans ce pays de race latine, où la littérature classique a produit des chefs-d'œuvre qui s'imposent à l'admiration de tous, on a vu, à la suite de ces grands écrivains, des érudits d'un mérite distingué ne pas dédaigner la forme populaire du roman, du récit dramatique, pour mieux peindre certaines scènes historiques fortement caractérisées. On sait avec quel succès Mérimée, Vitet, Alfred de Vigny, Henri Martin, tous de l'Académie française, ont usé de ce procédé qui consiste à mettre en action les faits, au lieu de les raconter à la façon des historiographes, pour en faire ressortir l'intérêt ou à en tirer une moralité que l'histoire elle-même ne présente pas toujours.

La publication à Alençon d'un roman historique consacré à une comtesse d'Alençon est un événement assez remarquable pour attirer l'attention de tous les esprits cultivés. Tous évidemment ont lu déjà la *Louve d'Alençon* et sont fixés, par conséquent, sur le mérite littéraire de cette œuvre. Mais il n'est pas sans intérêt de déterminer quelle part l'histoire peut revendiquer dans ce roman historique, tiré, dit le titre, « des Chroniques de la Normandie. »

En dépit du titre, il paraît difficile qu'on puisse se méprendre sur le but qu'ont eu en vue les auteurs de la *Louve d'Alençon*. MM. Henri Augu et Paul Delair, qui n'en sont pas à faire leurs preuves comme écrivains et comme auteurs dramatiques, ont voulu évidemment présenter, sous la forme vive et populaire du roman, le tableau idéal de la société féodale au XIe siècle et des premières tentatives de révolte des serfs contre leurs seigneurs. Ce qu'on peut y chercher, c'est la vérité dramatique, des caractères fortement trempés, des scènes vivement décrites, un enchaînement vigoureux, un intérêt soutenu. La *Louve d'Alençon* est faite surtout pour inspirer l'amour de la liberté, l'amour de la patrie et l'enthousiasme de la vertu. Quant à la vérité historique, il va sans dire qu'il faut la chercher ailleurs. Dans l'histoire, il faut le reconnaître, la marche des événements est loin d'être asservie à la loi logique qui doit dominer dans le drame. L'histoire, ou si l'on veut la Providence, inflige souvent de rudes démentis à la prudence humaine. Le cœur de l'homme lui-même est un tissu de contradictions et les plus grands vices marchent souvent de pair avec les plus grandes vertus. Or, l'épopée, le drame, le roman ne peuvent représenter qu'un côté de l'homme, sous peine de pécher contre la loi de l'unité de caractère qui fait que l'on s'intéresse aux personnages mis en scène et qu'on éprouve pour eux de la sympathie ou de la répulsion, de l'horreur ou de la pitié. De nos jours, ce qu'on exige, au contraire, des chercheurs et des érudits, c'est de produire des pièces justificatives de chacune de leurs assertions, c'est de nous montrer les personnages historiques non sous leur costume d'apparat, mais en déshabillé et de nous permettre de les suivre dans le détail de leur vie intime. On se défie des opinions toutes faites, on veut voir par ses propres yeux. On aspire enfin à appliquer aux sciences historiques la méthode qui, dans les sciences physiques, a permis de substituer aux hypothèses des savants des siècles passés, les connaissances positives tirées de l'observation.

En représentant Mabille de Bellême sous les traits hideux de la *Louve d'Alençon*, MM. H. Augu et P. Delair ont sans doute obéi à une loi esthétique que nous n'avons pas à apprécier ici. Mais il est permis de mettre en regard de ce portrait, assurément peu flatté, les témoignages des chroniqueurs contemporains et les récits légendaires.

Parlons d'abord de la Mabille de la légende.

« La race des comtes d'Alençon, dit La Vallée (*Voyage dans les départements*, Orne, 1793), est une de celle où l'on trouve le plus de scélérats, de fripons et de lâches. Parmi ces comtes d'Alençon de la famille de Bellesme, il en est un surtout célèbre par son étonnante cruauté... La nature l'avait modelé sur le tigre, c'est-à-dire qu'une enveloppe enchanteresse renfermait une âme formée du *limon des enfers*. Il est facile de peindre la douceur avec l'*écorce de la beauté*. Ce scélérat se montra charmant aux yeux de la malheureuse Mabille, fille d'un comte des Marches. Insensiblement, *en lui filant des heures de soie*, il amena l'*instant de la félicité ;* mais il voulut que cet instant portât le cachet de son caractère. Le rendez-vous était donné. Il attire le père de sa maîtresse dans l'appartement même où elle devait se rendre pour couronner ses vœux et le poignarde. Ce crime consommé, tous les flambeaux sont éteints, et paisiblement il attend le moment où son amante va se jeter dans ses bras. Elle arrive ; elle est sans alarme et l'obscurité engage même sa pudeur à remercier son amant de sa délicatesse. Les *moments du bonheur* se *passent* ; le monstre fait un signal, les flambeaux sont rallumés, le jour renaît. Quel spectacle ! C'est le cadavre de son père gisant sur le marbre ! c'est son féroce amant, jouissant de l'inconcevable terreur qui s'empare de de cette *fille déplorable !* Sa tête se perd ; elle fuit, elle erre pendant quelques jours. Eperdue, isolée, dans cet état d'abandon, elle est rencontrée par un jeune homme que sa beauté et le *trouble de sa tête intéressent.* Il l'accoste, la recueille et la conduit chez son père, agriculteur du comté des Marches, où les plus généreux soins lui sont prodigués. Le sanguinaire Talvas n'est pas satisfait encore. Il découvre la retraite de sa triste victime ; sa jalousie s'allume. Il ne voit qu'un rival, et qu'un rival préféré, dans le jeune bienfaiteur de cette malheureuse femme. Sa rage s'en accroît ; il vole à la chaumière du modeste agriculteur ; sa garde l'y suit, car les tyrans trouvent toujours des mortels assez vils pour veiller à leur conservation. Il arrive : l'excès de la démence ne fut jamais jusqu'à ce point, il égorge cette femme, et faisant saisir le jeune homme, le fait attacher sur le cadavre et le fait jetter vivant, avec cette épouvantable compagnie, dans une citerne, où il le laissa expirer de faim et d'effroi. Depuis l'anecdote des Vauru à Meaux, il ne s'en est pas présenté de plus épouvantable à nos pinceaux. Pourquoi ne les affiche-t-on pas sur tous les murs? Ce devraient être là les premiers éléments de l'histoire pour le peuple. »

Le citoyen La Vallée, on le voit, ne doutait nullement que le récit qu'on vient de lire ne lui eût été dicté par la muse de l'histoire elle-même.

Cette appréciation paraît d'ailleurs partagée par les savants auteurs de l'*Orne archéologique*, car après avoir rapporté le récit qu'on vient de lire, l'auteur du chapitre consacré à La Roche-Mabile et à Chaumont s'exprime ainsi : « Si cette tradition est fondée sur l'histoire, il y a sans doute quelque haine de famille qui explique les faits et meut les personnages ; mais elle est bien plus saisissante et dramatique, elle exprime bien mieux les sentiments de la multitude, en commençant ainsi, sans autre cause apparente qu'une fureur de sang. »

Sur le même thème un écrivain qui a laissé quelques travaux estimables et traduit Orderic Vital pour la collection Guizot, Louis Dubois, le premier bibliothécaire de la ville d'Alençon, a composé une romance intitulée *Mabille d'Alençon :*

Talvas fut un prince *exécrable*,
Il était comte d'Alençon.
Sa barbarie *inexorable*
D'horreur pénétrait le canton.

. . . .

Il plut à la jeune Mabille,
Fille d'un comte son voisin,

. . . .

O Mabille, ô pure victime,

Du tigre le plus *inhumain*,
Ton père immolé par le crime
T'attend près du lit de l'hymen.

. . . .

Ecouves, dans ta sombre enceinte,
Mabille a donc porté ses pas.

. . . .

Sur les bords du bois solitaire,
Chaumont, honnête agriculteur,
Habitant avec son vieux père,
Trouvait la paix et le bonheur.

. . . .

Mabille en proie à mille craintes
S'offre à leurs regards obligeants ;
Sa beauté, ses larmes, ses plaintes
Attendrissent *ces bonnes gens*.

. . . .

Bientôt de la triste Mabille
L'époux cruel, l'affreux Talvas,
A découvert l'obscur asile :
Le barbare y porte ses pas.

. . . .

On voit, non loin de la chaumière,
Un mont, couvert de bois épais,
Près du mont une roche altière
Qui domine sur les forêts.
Talvas y conduit sa victime
Avec son hôte généreux ;
Et dans la fureur qui l'anime
Il les fait enchaîner tous deux.

. . . .

Du haut de la roche escarpée
Unis on les précipita.
La vengeance semble trompée :
La seule Mabille expira.

. . . .

Le jeune homme au corps de Mabille
Est uni des nœuds les plus forts,
Et dans une mort difficile
A la fois trouve mille morts.

. . . .

Les lieux, témoins de tant de crimes,
En ont gardé le souvenir.
On voit l'**Ermitage** tranquille ;

Le **Saut-de-la-Dame** est auprès
Ainsi que la **Roche-Mabille**,
Et **Chaumont** au sein des forêts.
Las de l'*aspect* de tant d'outrages
Dont gémissait l'humanité,
Le vieillard sur ces monts sauvages
Fit bâtir un toît respecté.
Là, dans un modeste hermitage,
Terminant ses ans et ses maux,
Il vécut et mourut en sage,
Pardonnant même à ses bourreaux.

Cette poésie, qui vaut bien celle de l'Opéra, car on peut la chanter sur plusieurs airs connus, obtint le plus grand succès à Alençon, auprès du « public sensible » Il ne pouvait en être autrement. Cette romance, en effet, rappelle des noms et des sites connus de tous les Alençonnais, *Mabille, Talvas, la Roche-Mabille*, la butte *Chaumont*, l'*Ermitage*, le *Saut-de-la-Dame*.

Par malheur l'héroïne de la légende n'a rien de commun avec la Mabille de l'histoire, fille et non pas femme de Guillaume Talvas. Quant au fond de la légende elle-même, il n'est pas difficile d'en trouver l'origine. Une comtesse d'Alençon, première femme de Guillaume Talvas et mère de Mabille, fut effectivement étranglée par son mari avec des circonstances atroces. Cette comtesse portait le nom de Cudefort, auquel la légende a dû substituer un nom plus euphonique. Irrité des reproches qu'elle lui adressait à cause de ses cruautés, Talvas fit saisir la comtesse par deux de ses affidés, en pleine rue, un matin qu'elle se rendait à l'église et étrangler en présence de tout le peuple. Ce fait odieux a dû se conserver dans la mémoire du peuple. Mais dans la complainte populaire, la comtesse Cudefor est devenue Marie Anson. Pourquoi Marie Anson ? Peut-être faut-il voir dans ce nom une allusion au nom de la ville d'Alençon elle-même ? Marie Anson ne serait-elle pas le génie topique, la fée éponyme, gardienne du château, comme Mélusine, pour le château de Lusignan, comme la fée d'Argouges ? Quoi qu'il en soit, Marie Anson, d'après la complainte qu'on chantait encore à Alençon, il y a quelques années, attachée par les cheveux à la queue d'un cheval, fut ainsi traînée par son mari à travers le parc où elle expira.

N'y avait arbre ni buisson
Qui n'eût du sang de Marie Anson.

Depuis lors la *Dame du Parc* revient toutes les nuits aux lieux témoins de son supplice, jette un cri perçant du haut de la *tour couronnée* et disparaît.

A Caen on retrouve une complainte presque semblable sur le supplice de Mathilde, traînée par le duc Guillaume à la queue de son cheval, depuis la *croix pleureuse*.

Entre cette Mathilde et la prétendue Mabille dont La Vallée et Dubois ont paraphrasé la légende, la ressemblance est frappante. Il est probable que La Vallée, qui connaissait la légende caennaise, ne se sera pas fait scrupule de donner à la comtesse d'Alençon un nom qui se rapproche de celui de la duchesse de

Normandie. Quant à Dubois, il serait sans excuse si les poëtes avaient à rendre compte à l'histoire de la vérité de leurs récits.

Mais ces légendes et le fait historique qui leur sert de base n'ont aucun rapport avec la Mabille, épouse de Roger de Montgommery, que MM. Augu et P. Délair ont baptisée du surnom de *Louve d'Alençon*. Celle-ci nous est assez bien connue, grâce aux récits des chroniqueurs contemporains. Cependant, comme le remarque judicieusement l'abbé Gautier, (1) il n'est pas facile de faire le portrait de cette femme. « On ne peut, dit-il, en prendre les couleurs ni dans l'épitaphe que grava sur son tombeau Durand, abbé de Troarn, ni dans les déclamations d'Orderic Vital. Il n'est pas même aisé de la juger d'après ses actions. Ce fut une femme vraiment extraordinaire. Elle était d'une faible complexion et avait une âme ardente; elle montrait quelquefois le courage d'un héros et souvent la faiblesse d'une femme. Pour réduire ses ennemis, quelquefois elle employait la force ouverte, quelquefois la ruse et la fourberie ; elle persécutait les moines de Saint-Evroult, les pillait autant qu'elle pouvait et elle comblait de biens ceux de Troarn et de Sées. Elle détruisit les châteaux de ses ennemis ; mais elle fit bâtir celui de la Roche et le bourg qui porte son nom. »

(1) *Histoire d'Alençon* (par J.-J. Gautier, ancien curé de la Lande-de-Gul), Alençon, Poulet-Malassis, 1805, p. 41.

Quoi qu'en dise le bon abbé Gautier, il n'est pas inutile de mettre sous les yeux du lecteur un extrait de l'épitaphe de Mabille :

Cy gît la grande comtesse Mabille qui, placée au premier rang parmi les femmes illustres, brilla dans le monde entier par son mérite. A un génie ardent, à la vigilance, à l'activité dans l'exécution, elle joignait une éloquence persuasive, et la prudence accompagnait ses desseins. Petite de taille, elle fut grande par ses vertus. Elle aimait le luxe et l'élégance dans ses vêtements, mais elle n'en fut pas moins le bouclier de son pays et le boulevard des marches de Normandie, et elle sut se faire aimer ou redouter de ses voisins.

Odolant-Desnos (1), qui cite cette épitaphe, explique très-bien pourquoi Mabille a été si mal traitée par Orderic Vital, chroniqueur de l'abbaye de Saint-Evroult. Les comtes d'Alençon avaient pour ennemis, sur la frontière du Maine, les Giroie, seigneurs de Saint-Céneri. Or, les Giroie figurent au premier rang parmi les protecteurs de cette abbaye. Dès lors il n'est pas surprenant que les moines de Saint-Evroult aient épousé les haines de leurs patrons. Orderic Vital accuse Mabille d'avoir détesté les moines. Ce jugement peut être fondé, en ce qui concerne les religieux de Saint-Evroult, amis des Giroie ; en tout cas ceux-ci le lui ont bien rendu. Mais Odolant-Desnos fait remarquer que cette comtesse a pris part à la fondation de trois grandes ab-

(1) Odolant-Desnos, *mémoires historiques sur Alençon et sur ses Seigneurs*. T. I, p. 137. — Seconde édition, publiée par M. de La Sicotière, p. 125.

bayes, Saint-Martin-de-Sées, Almenêches et Troarn, et que son nom figure dans un grand nombre de chartes de donations faites à diverses autres abbayes. On voit par là que le jugement sévère porté sur cette femme célèbre par le moine de Saint-Evroult est évidemment entaché de partialité.

En résumé, Mabille, comme tous les seigneurs de la même famille, a été peinte sous les couleurs les plus défavorables par le principal chroniqueur de cette époque du XIe et du XIIe siècle, si intéressante et encore si mal connue. Ces seigneurs, sans doute, eurent les vices de leur temps. Mais on peut affirmer que s'ils ont souvent abusé du pouvoir presque absolu qu'ils exerçaient, le mal qu'ils ont fait ne fut pas sans quelque mélange de bien. Tous, sans en excepter Mabille, s'occupèrent avec le plus grand succès à fortifier la frontière qu'ils avaient à défendre. C'est à Mabille qu'est due la construction du fameux château qui porte son nom (la Roche-Mabille). Peu de femmes auraient été capables de soutenir le rôle qu'elle eut à jouer pendant que son mari, presque constamment en Angleterre, lui laissait le soin de l'administration et de la défense d'un vaste comté, sans cesse menacé par des voisins turbulents.

Les auteurs de la *Louve d'Alençon* parlent d'une grande conspiration des paysans du pays contre leurs seigneurs. au XIe siècle. L'histoire ne justifie pas cette fiction. Le caractère des paysans et leur condition qui les attachait à la terre s'opposaient, à ce qu'il nous semble, à tout mouvement général qui aurait nécessité une entente préalable. Ce qui est vrai, c'est que dès les temps les plus reculés, il a dû exister parmi certaines corporations ouvrières, notamment parmi les ferrons, parmi les ouvriers de nos bois, des associations puissantes et encore peu connues qui, à un moment donné, pouvaient imposer silence à des prétentions injustes. Les forgerons s'appelaient entre eux les *cousins du foisil*. (Le foisil, en terme de forgeron, est ce qu'on appelle le *fraisil*, le poussier du charbon.) Tous ces ouvriers étaient unis entre eux par les liens de la fraternité. Ils avaient des statuts, des mots d'ordre, des signes de reconnaissance, des batteries de ralliement et des symboles dont le caractère annonce une haute antiquité. Tous, et le maître des forges lui-même, obéissaient au *maître des ferrons* qui n'était qu'un maître ouvrier (1). On cite une assemblée générale des ferrons tenue à Verneuil en 1289, dans laquelle furent arrêtés les statuts de la corporation (2).

Ces associations ouvrières forment un chapitre important de notre histoire locale. On en trouve les traces partout. A Domfront, par

(1) VAUGEOIS, *Histoire des antiquités de la ville de Laigle et de ses environs*, p. 496-498.

(2) Voir dans l'*Annuaire de l'Orne*, 1877, une curieuse notice sur la *Juridiction des Ferrons*.

exemple, M. Blanchetière signale une pierre tombale remontant à 1550, sur laquelle on remarque deux triangles équilatéraux entrelacés, qui rappellent un emblème maçonnique (1). On sait, d'ailleurs, que M. de Caumont a reconnu, il y a longtemps, l'existence de signes semblables sur un grand nombre de nos monuments.

Quant aux paysans, aux serfs du Moyen-Age, ce n'est pas par la voie des associations, encore moins par des mouvements insurrectionnels, qu'ils sont parvenus, au prix de mille efforts, à la liberté. La grande tentative de révolte des paysans de Normandie, en 997, cruellement réprimée par Raoul d'Ivri, fut pour eux une terrible leçon. D'un autre côté, il semble que cette audacieuse démonstration ait également donné à réfléchir aux seigneurs, car, à partir de cette époque, on voit s'introduire de notables adoucissements dans la condition des paysans. Le rôle de l'Eglise dans cette circonstance ne doit pas être oublié. La trève de Dieu, établie dès 1042 par le synode de Caen, fut incontestablement la mieux appréciée à l'état social de cette époque. Désormais un centre de ralliement pour les opprimés était créé. Aussi Orderic Vital parle-t-il plus d'une fois de la résistance efficace qu'opposèrent souvent les paysans, soulevés à la voix de leurs curés et marchant sous les

(1) Blanchetière, *les Pierres tombales de Notre-Dame-sur-l'Eau* p. 65 à 79.

bannières paroissiales contre les brigands féodaux qui ravageaient leurs campagnes.

Il n'en est pas moins vrai que c'est seulement par des moyens pacifiques, par la voie des efforts individuels, soutenus par l'esprit de famille, par ce « mariage mystique du paysan avec la terre », dont parle Michelet, que les serfs, à force de sueurs, ont réussi non seulement à féconder le sol, mais à transformer le régime de la propriété et à l'affranchir de cette lèpre hideuse qu'on appelait la *main-morte*. Les transformations successives du servage, les progrès réalisés dès le XIe siècle dans la condition des paysans, les causes diverses qui entravèrent ce mouvement, guerres de cent ans, guerres de religion et par dessus tout l'aggravation progressive de l'inégalité des charges sociales, qui firent qu'au lieu d'une évolution, lente mais pacifique, on eut la Révolution, forment le fond même de notre histoire. D'admirables travaux ont jeté une lumière inattendue sur cette grande question ; mais au point de vue de notre histoire locale, il reste encore beaucoup à faire pour que nous possédions un tableau complet et détaillé des étapes successives que nos pères ont eu à franchir pour parvenir à conquérir un bien sans lequel tous les autres ne sont rien, mais dont on sent encore mieux le prix lorsqu'on se rend compte des efforts qu'il a coûté.

Alençon, imp. Marchand-Saillant.

www.ingramcontent.com/pod-product-compliance
Lightning Source LLC
LaVergne TN
LVHW010019230826
846092LV00002B/910

* 9 7 8 2 0 1 9 2 1 6 6 8 9 *